Franz-Georg Ewers

Zweifel, Zeit und Zuspruch

Vierzeiler

Der Zeitverlauf
wirft Zweifel auf,
gewährt auch meist,
was Zuspruch heißt.

Mauer Verlag
Wilfried Kriese
72108 Rottenburg a/N
Buchgestaltung: Wilfried Kriese
Titelbild: Luisa Ewers
2009
ISBN 978-3-86812-182-7

www.mauerverlag.de

Inhalt

Zweifel

I

Ein Einfall ward für gut gehalten.
Doch plötzlich hat er sich gespalten
und sich als Zweifall aufgefasst.
Zum Zweifel ist er dann verblasst.

II

Da konnten auch die Sachverständigen
die Zweifelsfragen, ach, nicht bändigen.
Denn sie verfassten lange Gutachten,
die hier nicht passten und nicht Mut machten.

III

Ein jeder möge reden.
Doch die mit Reden jeden
zu überzeugen meinen,
die überzeugen keinen.

IV

Nicht jeder hat das Seine:
Verschlossen ist das Tor.
Dahinter steht der eine.
Der andre steht davor.

V

Die Fakten bleiben,
sie bleiben hart.
Nur ändert sich die Art
in der wir sie beschreiben.

VI

Fragen in der Überzahl
sind für uns durchaus normal.
Aber was erschrecken muss,
ist ein Antwortüberschuss.

VII

Die Wahrheit, die gefällt,
ist die, die uns verblüfft
und somit unterhält,
doch nicht so sehr betrifft.

VIII

Mal trügt der Schein, mal täuscht die Analyse.
Wer unterscheidet Unkraut von Gemüse?
Es richtet sich so mancher Unterschied
nach Zeit und Nützlichkeit und Fachgebiet.

IX

Die Zeit wird knapp.
Der Bildschirm flimmert.
Ein Warnlicht schimmert.
Wir schalten‘s ab.

X

Gerechtigkeitsbedarf und Neid
befragen wir seit langer Zeit
nach klarer Grenze zwischen ihnen.
Sie können nicht mit solcher dienen.

XI

Du zauderst? Bleibe so nicht stehen.
Du brauchst nur etwas umzudrehen:
Das kleine d, das ist im Nu
gewendet, und schon zauberst du.

XII

Es lohnt sich wahrzunehmen,
um bei der unbequemen
Erkenntnis anzukommen:
Ich habe falsch genommen.

XIII

Der Gerechtigkeit Gebot:
Teilen! Endet dann die Not?
Ach, die Not wird noch verweilen.
Darum ist auch sie zu teilen.

XIV

Schön, die frischen Lärchennadeln!
Doch im Herbst sind sie verhasst.
Ja, wir loben oder tadeln
wie es in den Kram uns passt.

XV

Der Unterschied von Rückweg oder Ziel
bedeutet für den Sinn nicht allzu viel.
Nur wer nicht Ziel noch Rückweg findet,
dem stösst es zu, dass er verschwindet.

XVI

Wie gut, wenn Kennen und Verstehen
vertraut zusammengehen!
Für manchen ist das ein Problem:
Nur Kennen ist bequem.

XVII

In den Optionen
ist nicht gut zu wohnen.
Sie lassen zwar hoffen.
Doch sind sie zu offen.

XVIII

Oft hat, wer Mühe scheut,
sich schon zu früh gefreut,
weil er nicht gleich versteht,
warum es leichter geht.

XIX

Wir kennen Preise, nicht den Wert.
So etwa sagte Oscar Wilde.
Doch wird die Freiheit angepeilt,
dann gilt der Satz auch umgekehrt.

XX

Du bist geboren, steht da, wie gewohnt,
als was, wann, wo und wie benamt.
Vielleicht fragt eines Tages noch ein Amt:
Bist du noch einzig oder schon geklont?

XXI

Wer vor sich selber flieht,
muss schneller als er selber gehen
und kann aus diesem Grund nicht sehen,
was neben ihm geschieht.

XXII

Nur kurz gesagt ist oft gewagt,
hat harten Klang.
Die Vorsicht nennt das andre End',
und das ist lang.

XXIII

Manche fordern Toleranz
noch für deren Gegenteil.
Das verstehe ich nicht ganz.
Wer schon wünscht dem Unheil Heil?

XXIV

Es schaut mich an: Ein Blatt Papier
liegt leer auf diesem Tisch vor mir,
erwartungsvoll und voll Geduld -
und bleibt auch leer, durch meine Schuld.

XXV

Wer ausgepfiffen wird,
der mag auch darauf pfeifen
und meinen, dass der Pfeifer irrt.
Er soll sich nicht darauf versteifen.

XXVI

Was wir an Glück erfahren sollten
und fest verpackt verwahren wollten,
will nicht in eine Dose passen.
Uns bleibt nur, was wir losgelassen.

XXVII

Warum nur ist die Arroganz bei Pessimisten
oft erstaunlich groß?
Darum: Sie wissen oder meinen, dass sie wüssten,
und wir glauben bloß.

XXVIII

Die Welt ist rund, das lernen früh
die Kinder schon zu Bildungszwecken.
Doch allzu bald erfahren sie:
Man stößt sich hier an tausend Ecken.

XXIX

Was neu kommt, können wir nicht an uns binden,
behalten nur, indem wir wiederfinden.
Doch neu und wieder sind im Sinn verwandt:
Von neuem kommt ja auch, was uns bekannt.

XXX

Die Mittelwege nennt man golden.
Darum willst du sie gerne gehen.
Doch eines musst du dabei sehen:
Man wird dich dort nicht gut besolden.

XXXI

Aufschlussreich ist, Teile zu betrachten.
Jedes ist für sich ein Ganzes.
Doch wir müssen dann auch hierauf achten:
Sie sind Schritte eines Tanzes.

XXXII

Man nehme eine kleine Prise
Moral auf eine Messerspitze,
bestreue die Gewissenskrise,
die dann verkocht bei schwacher Hitze.

XXXIII

Wenn wir uns stark und mächtig fühlen
und treiben es damit zu dreist,
dann denkt vielleicht ein Schöpfergeist:
Ich lasse sie noch etwas spielen.

XXXIV

Gerecht, das heißt, für alle gleich.
Doch ist ein solcher Grundsatz weich.
Er lässt sich quetschen, dehnen, strecken.
Das kann uns manches Mal erschrecken.

XXXV

Morgens vor der Wahl erreicht
jemand mich am Telefon,
fragt nur: Bist du überzeugt?
Und ich frage dann: Wovon?

XXXVI

Die Vorstadtkirchen brauchen mehr
an Trost, als sie uns spenden.
Doch ihre Türme stehen quer
zu allen Zeitenenden.

XXXVII

An Gott kann wohl nicht jeder glauben.
Es halten auch nicht alle Schrauben.
Doch wer das Schrauben unterlässt,
bekommt die Räder gar nicht fest.

XXXVIII

Der Fluss wird nun seicht.
Wir setzen vielleicht
bald auf mit dem Kiel,
so ferne vom Ziel.

XXXIX

Zu spät sich zu entscheiden,
das sollte man vermeiden.
Doch bringt es keinen Segen,
zu früh sich festzulegen.

XXXX

Den Tag nicht zu genießen
ist meistens ungesund.
Doch mancher arme Hund
muss für Genießen büßen.

XXXXI

Die Forschung vorn
mischt Mensch und Kuh.
Geheilt wirst du -
dir wächst ein Horn.

XXXXII

Viele Leserbriefe
schreib ich in Gedanken.
Doch, was soll's, ich liefe
meist nur gegen Schranken.

XXXXIII

Der Zufall spricht, und manchmal lohnt
ihm zuzuhören. Ungewohnt
und fremd klingt, was er mir erzählt:
Er habe gut für mich gewählt.

XXXXIV

Das Lernen und das Denken,
die sollten sich verschränken.
Jedoch von Zeit zu Zeit,
da liegen sie im Streit.

XXXXV

Ich öffne eine Lade, eine kleine,
in meinem Kopf und lege in sie sacht
ein Stücklein Wissen, das mir Freude macht -
von diesen Laden klemmt schon manchmal eine.

XXXXVI

Der eine ruft erschreckt: Nichts Neues!
Der andre jubelt laut, ihn freu‘ es.
Geändert wird dann nur der Rahmen.
Und dazu murmeln beide: Amen.

XXXXVII

Der Mensch, gedrängt in eine Ecke,
verteidigt seine Lebenszwecke.
Doch fragt sich, ob sie ihm noch nützen,
wenn vor dem Drängen sie nicht schützen.

XXXXVIII

Ich wollte das alles so zwanglos
nach Lust und Laune nur tun.
Beschau‘ ich es nun,
so ist es belanglos.

XXXXIX

Schweigen ist Gold,
und darum sollt
ihr es gut pflegen
und auf die Goldwaage legen.

XXXXX

Wir müssen so viel probieren
und in die Notizen packen
und wieder mal umskribieren
und immer entschlacken, entschlacken.

XXXXXI

Was ist Zufall, was ist Plan,
und wenn letzteres, von wem?
Sag ich, darauf kommt‘s nicht an,
mache ich mir‘s zu bequem.

XXXXXII

Mit Neuem schnell sich zu versöhnen,
gewöhnt uns auch ans Umgewöhnen.
Dann ist dies aber auch gewohnt
und wird nicht mehr mit Schwung belohnt.

XXXXXIII

„Der künftige Wirtschaftsweise ...“,
so hieß es im Radio.
Was ist das für eine Reise -
zur Weisheit nach Irgendwo?

XXXXXIV

Wir lassen ungerecht die Welt
und vielen Kindern keine Chance,
doch machen feinste Rechtsbalance,
wo die Gemeinde Wasser zählt.

XXXXXV

Die Bäume steigen den Berg hinan,
obwohl ein Baum doch nicht steigen kann.
Gemeinsam scheinen wir so bewegt,
obwohl sich einzeln doch keiner regt.

XXXXXVI

Nun weiß ich:
Was ich sprach,
war danach
nur wenig.

Zeit

I

Zeit, in der ich bin,
wirke wie du musst:
Jeder Zeitverlust
ist ein Weggewinn.

II

Die Zeit ist voll, die Zeit ist leer.
Sie dehnt sich hin, sie drängt sich her.
Denn, was du tust und lässt, umspannt
die Zeit als passendes Gewand.

III

Was wir gedacht und zu Papier gebracht
kann über Nacht in Lettern ganz zerfallen.
Es ist für anderntags nicht fest gemacht,
nicht wie die alten Bibeln in St. Gallen.

IV

Könnte ich Verlorenes vergessen,
täte mir das zweifelsohne gut.
Aber wieder suche ich stattdessen
aussichtslos nach einem alten Hut.

V.

Das müssen wir ganz deutlich sehen:
Wir könnten ohne Zeit nicht gehen.
Doch blieben wir dann einfach liegen?
Wer weiß? Wir könnten vielleicht fliegen.

VI

„Das habe ich doch gewusst!“
Der Satz bezeichnet Verlust.
weil Wissen im Perfekt steht
und Wissen perfekt nicht geht.

VII

Wir mailen und wir chatten,
als ob wir‘s eilig hätten.
Und Zeit, die man gewinnt,
auch diese Zeit verrinnt.

VIII

Die Zeit verging und sie verflog.
Sie sprach die Wahrheit und sie log.
Wir lesen zwischen ihren Zeilen:
Sie lässt uns Zeit, wir selbst nur eilen.

IX

Qualität und Quantität
liefen um den Rang.
Kam die Qualität zu spät,
war ihr Weg zu lang.

X

Den Lebenraum vermisst
so mancher kleine Spatz.
Die Elektronik frisst
so manchen Arbeitsplatz.

XI

Dem Ende der Zeiten
Empfang zu bereiten
wäre am Meer
weniger schwer.

XII

Auch wenn ich sie halten will,
soll die Zeit doch ziehen.
Denn ich könnte, ständ‘ sie still,
nicht mit ihr entfliehen.

XIII

Ich kann den Baum im nächtlich stummen Garten
beleben mit den bunten Vogelarten,
mit dem Gesang, den mir der Morgen schenkt,
weil auch die Nacht in mir den Morgen denkt.

XIV

Manche Widerwärtigkeit
wird beseitigt nur durch Zeit,
von der Zeit davongetragen,
wird bezeitigt, sozusagen.

XV

Ich will das Alter Zukunft nennen,
auch wenn ich alt geworden bin.
Denn jedes Alter, das wir kennen,
führt immer noch zum Alter hin.

XVI

Hinter mir des Lebens Fülle.
Vor mir meiner Zukunft Stille:
Fenster, doch es spiegelt sich.
Vorwärts schau ich hinter mich.

XVII

Sechs Beinchen eingeknickt, die Flügel matt,
so torkelt es auf ein Kalenderblatt.
Da sitzt es still, als wolle es noch lesen.
Es läse dort: Der Sommer ist gewesen.

XVIII

Die Zeit hat kein Gefälle,
sie fließt bergab, bergan,
sie fließt zurück zur Quelle
und in den Ozean.

XIX

Hör, die Amsel singt,
und sie sagt vielleicht,
wenn der Tag sich neigt,
was die Nacht dir bringt.

XX

Lasse ich die Zeit entfliehen,
unberührt vorüberziehen,
sie zu nutzen nicht versucht,
so ist das auch meine Flucht.

XXI

Der Abendsonne Glanz
verlässt den Birkenstamm.
Die Zeit geht wundersam.
Verlässt sie uns auch ganz?

XXII

Der Zeitvertreib
soll lustig bleiben.
Doch wird die Zeit
auch uns vertreiben.

XXIII

Die Schönheit einer Zeit genießen,
wenn diese Zeit zu Ende geht,
das kann nur, wer auf beiden Füßen
genau in seinem Zeitraum steht.

XXIV

Dass Zeit sich ändert, brauchen wir.
Wir ändern uns ja auch in ihr.
Wer über die Veränderung klagt,
hört nicht, was die Erinnerung sagt.

XXV

Dem Meere gleiche meine Zeit.
Ich möchte sie durchqueren
wie jene weißen Fähren
mit souveräner Langsamkeit.

XXVI

Die Dämmerung erinnert sich der Tage
und heißt noch gut, was schon die Nacht vergisst.
Ich höre, alter Waldkauz, deine Klage:
Vergesst auch ihr, was gut gewesen ist?

XXVII

Ende heißt für eine Uhr,
dass der Zeiger stillesteht,
doch für uns: Wir wissen nur
noch nicht, wie es weiter geht.

XXVIII

Ein Tag ist Kostbarkeit und Last.
Er ist beliebt. Er ist verhasst.
Wohin er führt, wird kaum erfasst.
Doch wird von uns kein Tag verpasst.

XXIX

Die Zeit zerbricht
in viele Stücke
und lässt doch nicht
die kleinste Lücke.

XXX

Ein Blatt im Wind,
ein Blatt Papier,
ob wir das sind?
Das waren wir.

XXXI

Die Zeit kann meist den Raum besiegen.
Sie macht beweglich, macht bereit
zu reisen und sogar zu fliegen.
Doch wann besiegt der Raum die Zeit?

XXXII

Ein jeder Tag mit einem Kind
ist andern unvergleichlich,
berührt uns wie der Sommerwind
und ändert unausweichlich.

XXXIII

Ich bin ein Baum im Herbst. Das Wetter
ist nur ein Spiel der Zeit.
Doch treibt es die verwelkten Blätter
schon durch die Ewigkeit.

XXXIV

Im Raum kannst du nicht ruhig hausen,
du musst durchs Universum sausen.
Fest steht die Lichtgeschwindigkeit.
Verschiebbar ist darum die Zeit.

XXXV

Da, wo du bist,
läuft eine Frist,
doch anderswo
nicht ebenso.

XXXVI

Die Tür, Symbol des Raumes
und oft ein Bild des Traumes,
umrahmt die Tageszeiten,
die uns durch sie begleiten.

XXXVII

Ich fühlte mich eine Minute
von Zeit fast befreit.
Und da war mir schon zumute,
als wüsst‘ ich Bescheid.

XXXVIII

Vielleicht ruft einmal auch der Kuckuck im August,
wenn ihr im Mai den Ruf zu deuten habt gewusst,
wenn ihr der Jahreszeiten Wechsel nicht vergesst,
weil alles, was ihr liebt, euch scheinbar nur verlässt.

XXXIX

Mit Blüten leuchten sie zur selben Zeit,
um Pfingsten: Ginster und der weiße Dorn.
Und hat der Dorn die weißen bald verlor‘n.
dann ist der Ginster auch die gelben leid.

XXXX

Ist gestern näher als Jahrzehnte?
Vorbei ist, was ich nahe wähnte.
So kann was wir gestern noch taten,
schon bald ins Vergessen geraten.

XXXXI

Der Schmerz verdirbt
Genuss des Heute.
Doch niemals stirbt,
was einst erfreute.

XXXXII

Zu bleiben ist ein jedes Wort bereit.
Verloren geht ihm mit der Zeit die Zeit.
Doch jedes gute Wort, das wir gefunden,
ist nicht an Zeit (auch nicht Papier) gebunden.

XXXXIII

Winterabwärts geht's rapide.
Schnee wird haltlos und liquide.
Was der Himmel auf uns gießt,
zeigt uns wieder: Alles fließt.

XXXXIV

Unser Leben fährt
auf der Schiene Zeit.
Jedenfalls für Leid
hat sich das bewährt.

XXXXV

Zeitlich ohne Alter-
native
ist der tagaktive
Nachtfalter.

XXXXVI

Wir rechnen ohne Zweifel mit Unendlich.
Doch macht das nicht die Ewigkeit verständlich.
Sie ist auch für das Endliche Gefäß.
Als Wort mit „un“ passt eher unzeitgemäß.

XXXXVII

Das Leben schult und lehrt mich hart,
zu meistern meine Gegenwart.
Doch lohnt sich wenig, das zu lernen.
Ich darf mich aus ihr stets entfernen.

Zuspruch

I

Ein kleiner Park, geschmückt mit Rosenbeeten:
Der Rasen wird von Dohlen nur betreten.
Die klugen Vögel finden Schätze dort.
Sie nicken, sagst du ein gescheites Wort.

II

Rätsel gibt es, lösbar durch Verneinen.
Dann erst lassen sie das Ja erscheinen.
Schauen wir jedoch auf unser Dasein,
muss die erste Antwort schon ein Ja sein.

III

Über kleine Stückchen Einsamkeit
müssen wir, das weißt du, niemals schimpfen.
Ja, wir brauchen sie von Zeit zu Zeit,
um uns gegen Einsamkeit zu impfen.

IV

„Das Glück entspricht des Menschen Größe."
So sagte einst Konfuzius.
Doch auch entspricht es seiner Blöße,
mit der er sich bescheiden muss.

V

Auch Kompromisse schließen ist gefährlich:
Es könnte sein, du hättest Recht gehabt.
Doch manchmal sind sie eben unentbehrlich,
weil Recht zu haben sonst erst recht nicht klappt.

VI

Um Alternativen,
die wir verschliefen
ist es nicht schade,
denn Schlaf ist Gnade.

VII

Im Dunkel des Walds
ein Liedchen zu pfeifen,
ist besser noch als
den Schwanz einzukneifen.

VIII

Zählst du nach siebzig Jahren
tausend Versäumnisse,
freu dich und wisse,
dass es wenige waren.

IX

Sage nicht zum Augenblick: Verweile!
Schön ist er für dich durch dein Erlebnis.
Das ist nicht des Augenblicks Ergebnis.
Du behältst es, ihm lass seine Eile.

X

Ein Lob mit Zweifel
das geh zum Teufel.
Doch falscher Tadel
bringt wahren Adel.

XI

Wenn du die Stufen einer Treppe zählst,
dann kann es sein, dass sie dein Alter zählt.
Dein Alter hast du niemals sclbst gewählt.
Doch freue dich, wenn du die Treppe wählst.

XII

Ja, manchmal ist es ganz verzwickt:
Erfolg hat auch, wer ungeschickt:
Mit *einem* Fehler wär‘s missglückt,
der zweite hat‘s zurechtgerückt.

XIII

Ein bisschen traurig ist es immer,
Gelegenheiten zu verpassen.
Doch letzten Endes ist es schlimmer,
wenn unsre Wünsche uns verlassen.

XIV

Den Zielabstand verringert
doch auch ein Lauf, der schlingert
und Abweichungen hat
von nicht zu hohem Grad.

XV

Man macht viel Mist im Zeitlichen.
Ein Teil lässt sich beseitigen.
Was dann noch liegen bleibt, das ist
im Ewigen vielleicht kein Mist.

XVI

Das zertrümmerte
Unbekümmerte
ist durch Vertrauen
neu aufzubauen.

XVII

Verirrt?
Man wird
zwar fluchen
doch suchen.

XVIII

Das Neue wirft das Alte in den Keller.
Das war schon immer so. Jetzt geht es schneller.
Was aber wesentlich ist, bleibt erhalten.
Die Nebensachen sind es, die veralten.

XIX

Wer da ist, wo er hingehört,
erträgt dort auch den Regen.
So hilft es oft, wenn etwas stört,
sich selber zu bewegen.

XX

Kehre nur vor deiner Tür.
Dulde Maulwurfshaufen.
Manche können nichts dafür,
dass sie unten laufen.

XXI

Ins Weite schauen
bewirkt Vertrauen,
denn hinter den Horizonten
erstarren keine Fronten.

XXII

Unvollkommen sowieso
bleibt was wir auch tun.
Aber fähig, fein und froh
geht auch ohne „un-".

XXIII

Auch Gewohnheiten
können Freude bereiten.
Ich weiß von Leuten, die sich entzweiten
mangels gleicher Gewohnheiten.

XXIV

Weil wir uns von Eitelkeiten
nur gelegentlich befreiten,
öfter ihrem Reiz erlagen -
war das Leben zu ertragen.

XXV

Einst wählte sich der Bräutigam
die Jungfrau, die kein Öl mitnahm.
Sie kam zur Hochzeit ohne Öllicht.
Wir wissen jetzt: Sie war nicht töricht.

XXVI

Wird mir das Unvollkommene Hindernis,
verliere ich den festen Biss.
Doch nehme ich es mit ihm nicht genau,
bleibt meine Suppe immer lau.

XXVII

Genieße die Glücksfälle
so, dass die Rückfälle,
die dazu gehören,
dich nicht verstören.

XXVIII

Ein Mangel sollte nur soweit entscheiden,
wie seinetwegen gar nicht zu vermeiden.
Gebt acht, dass euch der Mangel nicht vertreibt
aus Freiheitraum, der trotz des Mangels bleibt.

XXIX

Wo liegt der Menschen Unterschied?
Ein jeder singt ein andres Lied.
Ob auf der Straße, ob im Saal,
ein Lied jedoch ist's allemal.

XXX

Lasst Missverständnisse
so aufeinanderprallen,
dass als Verständnisse
sie auseinanderfallen.

XXXI

Hier der Zufall, da der Plan
nähern sich auch manchmal an.
Handeln und geschehen lassen
können dann zusammenpassen.

XXXII

Verlust an Liebe ist
nicht zu verbuchen.
Wer Liebe mal vermisst
kann sie noch suchen.

XXXIII

Dass nah besehen alles stimmt,
das wirst du nicht erleben.
Doch was die Nähe der Verehrung nimmt,
kann sie der Liebe geben.

XXXIV

Das Trägheitprinzip
das ist mir auch lieb.
Denn das zu entbehren
kann Fehler vermehren.

XXXV

So manches Werk
ist vorerst nur Vermerk,
um einen Ansatz zu behalten.
Der lässt sich stufenweise ausgestalten.

XXXVI

Aus tausend Büchern fließt
Erkenntnis von uns fort.
Doch wer ein Buch genießt,
der trifft sie an, vor Ort.

XXXVII

Unvermutet sauste
ich ins Unbehauste,
das, so stell ich fest,
mich noch leben lässt.

XXXVIII

An unsern Fehlern hängen
Kausalitätenketten.
Sie können Pläne retten,
die uns sonst nicht gelängen.

XXXIX

Verändern hilft - Verändern schadet,
doch wann? Wann ist es anzustreben?
Stets wenn ihr euch zu schwer beladet,
dann lasst euch seine Hilfe geben.

XXXX

Wohin die Galaxien fliehen,
das weiß man nicht. Doch wir beziehen
die Wärme galaxieintern
von unserm treuen Lieferstern.

XXXXI

Gelassenheit, Vertrauen -
Sie liegen oft in Trümmern.
Das muss uns nicht bekümmern:
Mit Trümmern lässt sich bauen.

XXXXII

Als das Glück verunglückt war,
blieb es es nicht dasselbe zwar.
Doch vom Glück ein guter Teil
war zum Glück noch immer heil.

XXXXIII

Ja, Vasen fallen in Scherben.
Das ist ihre Art zu sterben.
Und Scherben kann es halt geben.
Das ist unsre Art zu leben.

XXXXIV

„En kinderen gaan voor.“ Der Kehrvers stand
in einem Kirchenlied in Nederland.
Ja, Kinder führen, wenn sie vor uns gehen,
uns dahin, wo die Himmelsleitern stehen.

XXXV

Jetzt danke ich für diesen Baum
vor meinem Fenster, weiß nur kaum,
wohin der Dank die Richtung nimmt.
Doch richtig ist er ganz bestimmt.

XXXXVI

Ein gutes Ding ging,
mit dem viel gelang.
Zum Abschied vom Ding
gehört auch ein Dank.

XXXXVII

Modewörter will ich meiden.
Aber dieses mag ich leiden:
„Geht doch!" heißt Probieren gut,
gibt auch für die Zukunft Mut.